シューマッハー・カレッジ（イギリス・デヴォン州トトネス）

サティシュ・クマール（Satish Kumar）

　現代を代表するエコロジー思想家、非暴力平和運動家。

　1936 年インド西部ラージャスターン州生まれ。4 歳の時、父が死去。死がもたらす悲しみからの解放の道を求め 9 歳で出家、ジャイナ教の修行僧となる。18 歳の時、マハトマ・ガンディーの社会的非暴力思想に共鳴し還俗。ガンディー思想の継承者ビノーバ・バーベの非暴力・不服従運動に加わり、「ソイル（土）、ソウル（心）、ソサエティ（社会）」の三位一体の思想の土台を築く。

　25 歳の時、バートランド・ラッセルが核兵器反対運動で逮捕されるニュースを知り、友人と当時四つの核保有国の首都（モスクワ、ロンドン、パリ、ワシントン D.C.）に、核廃絶のメッセージを届ける平和巡礼を決意。無一文、徒歩で、インドからアメリカまでの約 13,000 キロの道を 2 年半かけて踏破し、首脳たちに平和のお茶を届けた。その旅の途上で、バートランド・ラッセルやマーチン・ルーサー・キング牧師との出会いを果たす。

　1973 年、経済学者の E.F. シューマッハーの呼びかけに応じてイギリスに移住。環境、平和、科学、スピリチュアリティの融合を提言する雑誌『リサージェンス』誌の編集主幹となる。

　1982 年、自宅のあるイギリス南西部ハートランドに、私立中学校「スモール・スクール」を創設。「ヒューマン・スケール（身の丈に合うサイズ）」教育運動が注目を集める。

　1991 年、「スモール・スクールのような大人の学び場を」という要望に応え、デヴォン州トトネスに「シューマッハー・カレッジ」を開校。1～3 週間のショートコースの他、「ホリスティック科学」など 1 年間の修士課程も設置され、世界中の人々がホリスティックな世界観を学ぶ知的拠点となっている。

　50 歳の時、イギリスの聖地を訪ねる約 3,200 キロの道を、再び無一文で行脚。

　2000 年にプリマス大学から名誉教育博士号を、翌年、ランカスター大学から名誉文学博士号を授与される。2001 年、ガンディー思想を広く海外に普及した功績により、ジャムナラール・バジャジ国際賞を受賞。

　80 歳の誕生日である 2016 年 8 月 9 日に、43 年間務めた『リサージェンス＆エコロジカル』誌の編集主幹を退き、名誉編集者となる。

　やさしく、温かく、力強い言葉とまなざしで、環境運動や平和運動を展開し、世界中の人々を魅了し続けている。

　邦訳書に、『君あり、故に我あり』（講談社学術文庫）、『もう殺さない―ブッダとテロリスト』（バジリコ社）、『スピリチュアル・コンパス　宇宙に融けこむエコ・ハートフルな生き方』（徳間書店）、『人類はどこへいくのか ほんとうの転換のための三つの S〈土・魂・社会〉』（ぶねうま舎）、『サティシュ・クマールのゆっくり問答 with 辻信一』、『怖れるなかれ（フィア・ノット）　愛と共感の大地へ』（以上 SOKEI パブリッシング）、『エレガント・シンプリシティ：「簡素」に美しく生きる』（NHK 出版）などがある。

　スローシネマ DVD "アジアの叡智" シリーズの総合アドバイザーを務める。

ここはダーティントン・ホールです。1924年、インドの詩人ラビンドラナート・タゴール（1861-1941）の影響を受けて設立されました。様々な文化が交わる国際的センターです。

　これは14世紀の古い建物。ここがシューマッハー・カレッジです。ここは昔、ダーティントン・ホール校という名の学校でした。その後学校は閉鎖され、1980年代にここは空っぽだった。
　私は管財人に会い、こう言いました。「学校だったここをカレッジにしましょう」
　「でも誰がここで教えるのですか？」と彼が聞く。
　私はずらずらと名前をあげました。エコロジー、スピリチュアリティ、ホリスティック科学、その最先端の思想家たちが教えに来ると。
　「そんなに素晴らしい先生たちを呼べるならぜひカレッジを作りましょう」と彼は言いました。
　シューマッハー・カレッジが開講したのは、1991年1月のことでした。

ダーティントン・ホール

シューマッハー・カレッジ

　この学校は美しい自然に囲まれています。自然は先生、そして校舎は私たちの家。

　最初の講義の講師は、ジェームズ・ラブロック（イギリスの科学者・作家 1919-）だった。シューマッハー・カレッジは、科学に反対ではないことを示したかったんだ。じゃあどんな科学といえば、ホリスティック科学だ。ガイア理論の提唱者、ジェームズ・ラブロックこそが適役だった。

　ラブロック以前の西洋の科学者たちは、地球をただの岩の塊とみていた。しかしラブロックは言った。
「死んだ岩に命を支えられるわけがない」
　命を支えることができるものは、それ自身が生きているに違いない。彼は気温や気候の研究を通じて、ガイア（生きている地球）という考えに至ったのです。地球は一つの有機体で、自ら運営し、組織し、修正し、治癒する生きたシステムだと。
　この理論こそ、私たちが迎え入れたいものでした。

シューマッハー・カレッジ前の木の下で

　木は偉大な先生だ。

　木は嵐、風、雨に耐え、全ての季節を巡る。そうして木は強く、しなやかになる。

　木のように、私たちも人生のあらゆる季節を受け入れる準備をしなければならない。上り下り、困難、問題、痛み、苦しみ、そして喜び、楽しさ、祝福……。

　人生の明暗の両面を受け入れられた時、私たちは木のようになれる。

イチイの木の前で

　この木は樹齢2000年、キリスト教よりも古い。これが私にとってのイエス・キリスト。

　辻：この木がイエス・キリスト！

　自然こそが私の宗教なんだ。
　神とはどこか世界の外にいるものではない。天国のどこかに座っているのでもない。神は木の葉の一枚一枚に生きている。全ての実に、花に、果物に、枝に、そして、自然界の隅々にまで。木は自然の教会、神殿、聖堂です。

辻：シューマッハー・カレッジでは、他の大学にはない何が起こっているのでしょう？

　シューマッハー・カレッジは、想像力の学校です。学生たちが内面を見つめ、人生の意味を発見できるよう応援します。自分が何者であるかを見つけるのです。
　ここが彼らの居場所となります。先生たちも手助けし、励ましますが、学生自らが内なる意味や想像力を見出します。

では、何のために学ぶのか？　目的は職を得るためでなく、自己発見のため。私の才能とは？　人生の意味は？　目的は？　どのように人々のためになれるのか？

　ラテン語で「教育」は「エドゥカーレ」、すでにあるものを引き出すという意味です。近代教育の学校や大学のほとんどが、生徒を空の容器と見なし、知識を詰め込もうとする。でもそれは教育とはいえない。教育とは詰め込みではなく、引き出すこと。「エドゥカーレ」の本当の意味は、内なるものを引き出すということ。

　例えば、種に何かを詰め込む必要はない。種は、すでに木をその内にもっている。森や畑で働く人の仕事は、種が元々もっているものを引き出すこと。種に必要な堆肥や土や水や陽光を提供する。

　種が必要なものは与える。でも種が何になるかは、種に任せる。りんごを梨に、オークをアッシュの木にしてはいけない。各自の特性を見つける。それが世界への贈り物であることを理解する。なぜなら世界は部分が相互に繋がり、相互に依存する全体なのだから。

　私たち一人ひとりが、世界の調和のために貢献する。自分自身になることによって、私たちは地球に、人類に奉仕します。

　他の誰かのまねをせず、本来のあなた自身になってください。

ダーティントン・ホールのベンチに座って

　ベンチは象徴です。ダーティントン・ホールには至る所にベンチがある。私たちはベンチに座っている。ベンチが私たちを招いている。
「さあ、私の上にいらっしゃい」
「自分に戻り、リラックスして予定も心配事も忘れて、ただあなた自身となってここに座りなさい」
「私はあなたのホストです」
　ベンチは私たちのホスト、私たちはゲスト。ただ心を落ち着けて、自分自身になる。自分自身になることで、ベンチになるんだ。私がベンチだ！　あなたのために私はここにいる。

経験から学ぶのです。物作り、料理、畑仕事、食器洗い、そして歩くことによって学ぶ。これら全てが学びの源です。
　行うことで、ただそこにいることで、経験することで学ぶ。本を読んだりパソコンで調べたりするだけでなく、ただそこにいることで学ぶ。頭脳を使って学ぶより、からだ全体で学ぶのです。
　つまり、頭、心、手、脚、その他、聴覚、味覚、視覚など全ての感覚を通して。特に手は現代の学校教育では無視されています。

　辻：その手は全身を象徴しているんですね。

　そう、手は身体性の象徴です。その手を通じて自分を変える。シューマッハー・カレッジの教育は「自己変革の教育」なのです。手を使って、畑で、キッチンで働き、クラフトやアートを作り出す。ただの木片を美しい家具に、ただの石ころを美しい彫刻に。
　でも現代教育は、手で物を作ることを全く教えない。せいぜいパソコンのキーボードを打つくらいでしょ。スマートフォンなど、たった2本の親指だけで済ませてしまう。これではからだが、手がもったいない。そして時間の無駄使い。
　シューマッハー・カレッジで重視するのは、手を通じた自己変革。物作りをからだで経験することが、私たちの教育の鍵なのです。

からだを通して自分を変える
Through your whole body, you can transform yourself.

陶芸教室で

　作りながら同時に器がどうなるか想像する。そして手は、想像が現実化するのを助ける。

　想像力とイメージが結ばれる。変身が起こっている。粘土が器になり想像力が形となる。

　たった二つの手によって、これは奇跡じゃないか、魔法じゃないか。

　二つの手がただの粘土の塊を、美しい器に変身させる。器を作る者が、同時に自分を作っている。

　辻：どんな気分？

　陶芸家：これって私の瞑想。地球と繋がる私の日課。

素晴らしい！

　学生たちはここに1年滞在します。そしてホリスティック科学、ガイア理論、ディープ・エコロジーなどについて学びます。ホリスティック科学は、ディープ・エコロジーと結びついています。

　環境活動家の多くは自然を保護し、守ろうとしている。人類の利益になるからという理由で。でも、それは功利主義的で「浅い」エコロジー。自然が人間に有用かどうかにだけ、価値を置いているからです。

　しかし私たちは、それをもっと深めます。現代の主流の教育にあるのは、物質主義の教育だけです。物としての世界、自分の外にある世界についての教育です。外にある物は勉強する。でも精神性、価値観、意味は見失われている。

　シューマッハー・カレッジでは「世界の背後にあるのは何か」と問います。「物質の背後にある魂」を問うのです。物と心、物理学と形而上学、形あるものと想像するものとの融合を目指す。目に見えるものと見えないもの、物質と物質でないものの両方を見る。外なる自然と、内なる愛や共感の両方の景色を。内なる次元と外なる次元の調和を目指すのです。

トトネスの川辺で

　木が先生であるように、川も私たちの先生。川の流れのように、私たちの人生もまた流れ続けるべきだ。川は淀まず、留まらず、こだわらず、途切れなく流れ続ける。

　同様に人生も滑らかに流れてほしい。こだわり、主義主張、執着から自由に。

　川の水はとても柔軟だ。この水をボウルに入れたなら、水はボウルの形になる。ボトルに入れれば、ボトルの形になる。つまり、周囲に適応する。アイデンティティを失わず自分自身を保ったまま、状況に自分を合わせる。

　同様に、私たち人間も適応していくことを学ばなければならない。人間性を失わず、本来の自分を見失うことなく、新しい状況に適応していく。

　だから水のようになろう。友よ、水のように生きよう。

　シェイクスピアは言った。
「木の中に言葉。本は流れる小川の中に。法話は石の中に。そして、良きことは全ての中に」

ディープ・エコロジーは教えてくれます。自然は人間が使うためのものではないと。自然には内在的な価値があります。それ自体が善なのです。

　木がそこにあること自体が価値です。酸素を作り、二酸化炭素を吸収し、果物、木材、日陰を与え、私たちを守ってくれるから価値があるのだろうか？　いいえ。それは小さな部分にすぎない。

　大事なのは、木がそれ自体で善だということ。

　シューマッハー・カレッジの言葉でこれを「聖なるエコロジー」と言います。それは生命への感謝と自然への敬意です。存在自体に価値があるだけでなく、誰もが、自然の全てが神聖なのです。

　私たちは自然に依存しています。自然の一部なのです。

　自然よ、ありがとう。食べ物を与え、生命を支えてくれてありがとう。

　それが謙譲の心。人間性（humanity）とは自然に対する謙遜（humility）のことなのです。

自然の全ては善であり、神聖である
Everything in nature is good and sacred.

シューマッハー・カレッジでの講義

　何かに固執した瞬間、私たちは想像力を失います。ダイナミックな命の流れを失い、一つの「イズム」に囚われた瞬間に。

　躍動的で、しなやかで、自由で、好奇心に満ちた探求、未知なるものを求めるこの力が想像力です。

　アーティストとは、その想像力の中で生きること。私たちは皆、アーティストとして生きることができます。畑仕事というアート。家を建てるというアート。

世界は五つの要素によってできています。土、空気、火、水、そして想像力です。
　土、空気、火、水という四つの要素は物質的要素です。しかし、想像力は物質ではありません。この５番目の要素は形而上学的で、目には見えず、測ることもできません。
　でもそれなしには何一つ成り立たない。私たちは想像力によって、ものとものとを繋ぐのです。
　想像力は人類だけがもつ特性ではありません。想像力は意識と同様、万物の特性です。全ては想像力を通して現象するのです。自然も人間も想像力から生まれます。

　辻：想像力は「なる（becoming）」ということですか？

　いや、想像力とは「いる（being）」ことです。想像が具体的な像を結ぶのが「なる（becoming）」ことです。想像力から像への変身、それが「いる」から「なる」への旅です。
　想像力を買いにスーパーには行かない。想像力を学びに大学に行く必要もない。想像力は何もないところに突然現れます。その次に具体的な形が現れます。
　産業化され、グローバル化された社会は想像力の敵です。想像力をしぼませるんです。「想像力を使うな」と社会は命じる。株主と会社の利益のために。ただ規則に従って仕事をせよ。全てはもう設計されているのだと。
　だからこそ想像力を養うことが必要な時代なのです。想像力の種から人生の木が育ちます。想像力の種を育てることなく、良い人生はありえない。ロボットのような人生があるだけ。想像力は知性も理性も越えるもの。合理的思考も、知識さえも越える。

> 想像力の種から人生の木は育つ
> From the seed of imagination, the tree of life grows.

　想像力を発揮する時、あなたはアーティストです。アーティストとは特別な人のことではない。誰もが特別なアーティストなのです。

　全ての人が想像力と共に生まれてきました。私は全ての人にアーティストとして生きてもらいたい。アートとしての科学に取り組んでください。アートとしてのエンジニアリングに、アートとしての農業に、アートとしての畑仕事に、アートとしての料理に取り組んでください。

> 辻：ぼくたちの多くはアーティストとして生きることをイメージできません。なぜなら、ただの雇われ人へとおとしめられているから。

　アーティストのように生きたければ、職を探したり雇用を求めたりしないことです。想像力を発揮すれば、自分で仕事を作り出すことができる。そもそも求人市場も雇用も200年前にはなかった。会社さえありませんでした。

　人々はアーティストとして生きていました。田畑を耕し、家を建て、手を使いながら生きていたんです。

　私たちはグループの、そしてコミュニティの一員として働くのです。技能を提供し合って一緒に働く。上司は不要です。

　誰もが失敗することを許されている。失敗から学ぶことを許されているんです。

だから職を探し求めないでください。雇用と、生きるための仕事とは別物なのです。それが愛と創造性と想像力に満ちた仕事であれば、誰もが情熱を注ぐでしょう。

　好きだからする、それが仕事です。好きな仕事をしていれば、その仕事は上達するに違いない。そしてそれは、コミュニティや社会や他の人々にとって、良い仕事となるでしょう。

　生きるために仕事をするとは、人生の主人公になること。会社ではなく、自分の人生のCEOになりましょう。

> アーティストとは特別な人のことではない
> 誰もが特別なアーティスト
> An artist is not a special kind of person.
> Every person is a special kind of artist.

　想像力を育て、勇気を培いながら辛抱強く人生を生きてください。困難や逆境を怖れないでください。

　木は、雨も風も雪も嵐も、冬の荒野に立つことも怖れない。そこに立つことで、木は強くしなやかになるのです。

　想像は簡単ではない。誰かが用意してくれるものではない。

　想像は道なき道、そこには誰も連れていってはくれない。あなたが発見するんです。

　自分の道を作るんです。

川辺を歩きながら

　川の流れのように、私たちは歩いて流れる。これが私たちの流れだ。歩く時の私たちは躍動的だ。淀まず、こだわらず、縛られず。だからこそ、歩くことで想像力が働くんだ。

　歩く時の私たちは自由だ。この自由の経験が想像力を解き放つ。詩が湧き出し、新しいアイデアが浮かび、哲学が生まれる。

　歩く私たちを、大地が支えている。そして、私たちは地球に触れている。地球に触れて私たちは、大地との一体性を、調和を感じる。私たちの足が地球と接しているように、全ては繋がっている。

　そう、これは歩く瞑想なんだ。

想像力豊かに生きれば、シンプルに、そして美しく暮らすことができます。シンプルな生き方の特徴は、「より少なく、より良く」です。より少なく、より美しい、それは想像力のおかげです。想像力は手と共に働いて、何かを作り出します。豊かな想像力で社会を、未来を創造したいなら、グローバルな工業製品への依存を減らすこと。

　もちろん、機械によって作られていいものもあります。車やコンピューターなどは、機械やロボットが作ってもいい。でも食料、衣類、住宅、そして椅子や靴など、日々の暮らしに必要な素材は、手で作られるべきものです。つまり、工業的に作られた製品と人の手で作るものを区別するのです。

　成長を追求し、グローバル化し独占を目指すのは資本主義の本質です。人間よりお金を優先する。食べ物を育てるのも人々のためではなく、お金を儲けるためなんです。大学や学校は人を教えるためではなく、教育は金儲けの副産物にすぎない。大学は金儲け、学校も金儲け。病院も薬も金儲け、利益こそが最優先。そして福祉はその手段にすぎない。それが資本主義というものです。

　資本主義は独占に向かいますが、一方、産業は分散化することもできるんです。利益が目的ではなく単なる副産物なら、小規模の事業も可能です。利益はただ生活の持続のため、産業の真の目的は、地域と人々に役立つこと。コミュニティに必要なものだけを生産する。

　産業は人間らしく小規模で分散型で、ローカルなものでありうるのです。

　キッチンとは何か、それは養いの場です。身体だけでなく魂、心、そして繋がりを養います。
　私にとって特に大切なのは、キッチンが料理を学ぶ教室だということ。キッチンは単に料理をする場所ではなく、それ自体が教室なのです。そこで学ぶのは一種の錬金術、食べ物の錬金術です。悪い食事の上に良い教育は成り立たない、良い教育のためには、良い食べ物が必要です。
　テーブルの周りにはコミュニティが生まれます。学生たちは野菜を育て、料理するだけでなく、食べ物を分かち合うことを学びます。分かち合うことで、より良い人間関係が育つ。一緒に料理し食べることで、友情が生まれます。どんな困難や意見の相違も、食事の場で解決できるでしょう。

真の経済とは「自然の経済」のことです。古典経済学の三つのキーワードは土地、労働、資本です。土地とはつまり、その上にある全ての自然のこと。家も森林も動物も川も、大地の上にある。だから、大地こそが最優先なのです。
　次に労働、つまり人々です。人々が経済の中心にいるべきです。最後が資本、交換の手段としてのお金です。大地や人々が健全であることが第一で、そのために奉仕するものとして資本がある。これが本当の経済です。
　エコノミーをエコロジーから切り離すことはできない。スピリチュアリティと科学とは分離できない。主体と客体を引き離すことはできない。それらは一つなのです。
　これに気づけば、経済が本来ローカルな場所に根差すものだと分かります。ローカル経済とは「場所の経済」のこと。その場所とは自分がいる所。もしみんなが今いる場所を大切にするなら、地球全体が大切にされることでしょう。
　経済は特定の場所に属するもの。村、山、そして生態系の中に包まれているもの。土地とそこに生きる命を大切にする。そして生き物の健康と幸せを維持し、持続するのが経済。ローカル経済は特定の場所に根差す「場所の経済」です。
　一方、グローバル経済には場所がありません。それはどこにもあり、どこにもない。グローバル経済は宙に浮いている。その大部分は虚像です。何百兆というお金が24時間、競い合うように世界中を駆け巡る。そこには場所や土地の感覚も、人々や自然界についての意識もない。あるのはコンピューター上の数字だけ。お金とはそういうもの。
　本物の富とは、木、川、大地、動物、そして全ての自然です。それが本当の豊かさです。

> ローカル経済とは「場所の経済」
> 自然こそが本物の富
> Local economics is the economics of place.
> Nature is our real wealth.

辻:ユートピアの元々の意味は、「場所がないこと」ということですよね。まさに「場所のない経済」だ。

　そう、グローバル経済が追いかけているのは、どこにもない「ユートピア」。それは幻想にすぎない。

シューマッハ・カレッジの菜園で

スタッフ：この花はサラダ
　　　　　に使います。

辻：食べられるんですね。

スタッフ：この花はキバナ
　　　　　コスモス。黄色
　　　　　の染料にもなります。

辻：いろんな花がありますが、皆何かに使われるんですか？

スタッフ：ええ、いろんなことに。カレッジに飾る花にも使います。
　　　　　新しく部屋に到着した学生を美しい花が出迎えます。

辻：歓迎する？

スタッフ：そう、歓迎のためです。これはカレッジの大事な伝統です。

学生：私はエチオピアから農業体験
　　　プログラムのために来ました。
　　　あと2週間で国に戻ります。
　　　とても役に立つ、刺激的な
　　　経験でした。帰ったら自分の
　　　畑を始めたいなと。こことは
　　　ずいぶん違うけど。

豊かで楽しい人生を学ぶ場所——
シューマッハー・カレッジ

　国際的な社会変革運動「トランジション・タウン」発祥の地として知られるイギリス南西部デヴォン州トトネス。シューマッハー・カレッジは、その町の郊外、自然豊かな田園地帯に位置している。ダーティントン・ホール財団（自然景観や歴史的建造物の保全事業、教育、研究、文化活動の支援を行う）の敷地内にある築数百年の石造りの建物を、校舎として使っている。

　シューマッハー・カレッジは、『スモール イズ ビューティフル』の著者として知られる経済学者 E.F. シューマッハーの名を冠し、1991年に創設された。現在、世界90カ国以上の国々から様々な人々が集まり、持続可能な社会の実現と自己変革のために、ホリスティックな世界観を学んでいる。1年間の修士課程には、世界で唯一の「ホリスティック科学」のほか、「エコロジカル・デザイン思考」、「変革のための経済学」、「神話とエコロジー」の四つのコースがあり、修士号の取得が可能な大学院として認められている。数日から数週間で参加できる短期コースには、「シューマッハー1週間体験」、「サティシュと過ごす週末」、「電力を用いない週末」といった、シューマッハー・カレッジのコミュニティでの暮らしを体験できるプログラムから、「エコロ

菜園ではオーガニック野菜が栽培されている　穫れたてのハーブがお茶で楽しめる

ジーの音楽」、「聖なるトレッキング」、「イギリスとブータンの国民総幸福量専門家プログラム」、「フォレスト・ガーデンと食用の生態系」、「庭や農場での健康な土の育て方」といったショートコース、工芸や農業を学ぶ職業訓練コースなど、多様なプログラムがある。すべてのプログラムでは、机上で得た知識や理論を超えて、行動や経験から学ぶことが求められる。「自然こそが先生」とサティシュが言うように、講義に加えて、屋外で学ぶフィールドワークやコミュニティ活動が重要な要素となっている。シューマッハー・カレッジは、学生、講師、スタッフ、ボランティアからなる学びのコミュニティでもある。掃除、料理、ガーデニングなど、日常生活の基盤となる活動に誰もが参加し、共同生活と学びを共にする。食事の多くは自家菜園で栽培されたオーガニックの野菜を使い、「ホール・フード」を合言葉にベジタリアン食を共に料理し、いただく。カレッジ内には瞑想部屋や、オーガニックワインやビールが飲める学内バーなどもある。カレッジ恒例の「ファイヤーサイド・チャット（炉端のお喋り）」の時間には、暖炉の回りで、サティシュとの問答を楽しむことができる。

　シューマッハー・カレッジは、「正しい生き方」を学ぶ場所ではない。「楽しい」「美しい」「おいしい」といった感覚を大切にし、人生をより豊かに、楽しいものにするライフスタイルを学ぶ場なのだ。

参考：『英国シューマッハー校 サティシュ先生の最高の人生をつくる授業』（辻信一著・講談社）
　　　シューマッハー・カレッジホームページ（www.schumachercollege.org.uk）

島根県大田市大森町（通称・石見銀山）

　登美さん、あなたは素晴らしい家を創りましたね。古民家の伝統的な美しさを再生したのです。捨てられた古い美しいものたちに、再び息を吹き込んだ。このテーブルも、家中にある家具も。
　私の母はこう言ったものです。家には美しくない物、役に立たない物、長持ちしない物を置くべきではない。これを私はBUD原則と呼んでいます。美しく（Beautiful）・役に立ち（Useful）・長持ちする（Durable）。あなたはその原則をこの家で貫いている。
　この家は、古くて新しいことの見事な例です。新しいのではなく、更新されたのです。甦った新しさ、古くて同時に新しい。

　伝統とは、絶え間のない更新。淀まず、自らを更新し続ける。絶えざる川の流れのように。川には刻々、新しい水が流れる。でも川は新しいのではなく、更新されただけ。常に流れて留まらない。
　一方、登美さんが実現したのは伝統の絶え間ない更新です。私たちもまた常に生まれ変わり、古き伝統に根差しながら、いつも新鮮。新しくはない、でも新鮮です。

辻：登美さんの仕事の中心はファッションです。本来、ファッションとは新しさです。ファッションの世界では、新しさとオリジナリティーを競っていますが？

　「オリジナル」という言葉の元々の意味を取り戻さなければなりません。オリジナルとは「根差している」という意味です。オリジンはその根っこのこと。

だからオリジナルとは文化、伝統、古代からの知恵や価値観に根差していること。木のように根をもつものは全て自らを更新し、毎年実を結びます。去年と同じ実、でも新しい命。
　だから、大事なのは新しさというより、生き生きしていることなのです。私たちは今一度、古い知恵や伝統をファッショナブルにしなくてはなりません。ファッショナブルは生き生きとしていること。

　辻：そして根差していること。

　そう、古代からの知恵と伝統に根差している。
　一方、工業的な大量生産で作られたものは生き生きとしていません。なぜなら、全ては複製されたものだから。一つの同じデザインを元にどこでも同じシャツが製造される。そして、全てのショッピングセンターや店で、同じ物が同時に売られる。そこに喜びはありません。
　新しく、ファッショナブルなものを創っているという現代世界の思い込みは、愚かさの極みです。コピーに新しさはありません。
　一方、手で作られたものは生き生きとしている。想像力と手を使うことが、物を生き生きと輝かせるのです。

　辻：でも有名なアーティストたちは、豊かな想像力でファッションを生み出すと言われていますが？

　現代の消費社会では想像力がハイジャックされ、商品化されてしまった。一握りの頭の良いデザイナーたちだけが、想像力をもっているという考え。それも消費社会の、商業主義の産物です。

　ハイジャックされた想像力、それを私はアートと呼ばず、商品と呼ぶ。アートはギャラリーや博物館に閉じ込められています。アートを解放するのです。

　アートは家、道端、店、どこにでもあるべきです。想像力に富む社会では、誰もが想像力豊かで、創造性にあふれている。そこでは、アートは専門家だけのものじゃない。商品でもない。話すように、歩くように、誰もが歌い、踊り、作り出せるはず。

　自然界に、この木はあの木よりも良いなどと言うことはない。オークはアッシュより、りんごは柿より、マンゴーはバナナより良いとか……。全ての果物は独自の価値をもっています。同様に全ての人間も自分固有の価値をもっている。だから言うのです。アーティストというのは特別な人ではない。誰もが特別なアーティストであり、またそのように生きるべきだ、と。

　　オリジナルであるとは、古代からの知恵と伝統に根差していること
　　To be original means to be rooted in ancient wisdom and tradition.

登美：私は二つの会社を経営しているわけです。いつもいかに「美しい循環」を生み出して、経営が成り立つかを考えています。そうすると、行き着くところが「非効率」。非効率なことこそが、スローで美しいことに繋がっていくんです。

辻：最後は、それでいいと。

登美：いかに利益を生むかよりも、いかに継続するか。社員の幸せや自分たちの夢の実現のために。

英語で効率はエフィシェンシー、それをサフィシェンシー（充足）で置き換える。効率は、人間関係や自然の持続可能性を無視し、アートや想像力を無視する。そして利益だけに集中する。それが効率性の目的です。
　一方、充足は人間と自然を敬います。人間関係、自然界との繋がり、アート、想像力、知恵を大切にします。十分であること、充足、「これで十分」と知ること。
　美しい家がある。50人が働いてくれる。生計が立っている。時にはお金を失い、時には儲かる。良い時もあれば、悪い時もある。余裕はないし、油断はできない。その意味で、登美さんが目指すのは、充足であって効率ではありません。でも長期的には、結局その方が効率的なのです。その循環型経済こそが、長持ちするのです。

　辻：登美さんの言う「美しい循環」ですね。

　そう、美しい循環は長い目で見れば、より効率性が高いのです。

　現代の消費社会は、自然を、関係性を、そして生命を敬いません。敬意に満ちた優しい社会を創るには、全てをスローに、スモールに、そしてシンプルに保つ必要があります。これが美しい人生の三原則です。
　第一に、物事はスローでなければならない。なぜなら、急げば暮らしの美しさが失われるから。急いでいる時に、感謝したり、祝福したりすることはできないでしょ。立ち止まる暇もなく、先を急ぐだけ。だから、幸せな人生を楽しみ祝うには、スローに生きなければなりません。

二番目の原則は、スモール。小さな、人間的なスケールであること。物事を大きくし過ぎると、人間関係や、触れ合いが失われます。人間は単なる道具になってしまう。利益やお金を生み出すための道具です。大組織、グローバル企業、大きな政府、病院、学校、大学、巨大なショッピングセンター……。これら大きいものには、人間らしさや繋がりが欠けています。だから、人間らしい暮らしとその喜びのためには、物事をスモールにすることです。

　三つ目の原則はシンプルです。現代社会の商業主義や消費主義は、全ての物事を複雑にしています。その中で人間は迷子になっている。

　偉大な科学者、アインシュタインはこう言いました。

「どんな馬鹿でも物事を複雑にできる。しかし天才だけが物事を単純にできる」

　幸せな人生を謳歌したいのなら、物事を素直でシンプルにしておくことです。

　スロー・スモール・シンプル、スローは美しい、スモールは美しい、そしてシンプルは美しい。それが、優美で感謝に満ちた人生を送るための三原則です。

スロー・イズ・ビューティフル
スモール・イズ・ビューティフル
シンプル・イズ・ビューティフル
Slow is beautiful, small is beautiful, and simple is beautiful.

人生のパートナー、ジューンさんと

　愛はシンプルです。分析も理論も、合理的な説明も不要です。愛は愛。学問の世界を見てください。専門用語と難解な言葉だらけです。複雑で、分かりにくく、近づきにくい。
　一方、ブッダやイエス・キリストの教え、シェイクスピアの言葉は誰にでも分かる。深遠な知恵がシンプルな言葉で表現されている。頭と違い、心は物事を煩雑にしません。もっと心躍る人生を送りましょう。
　心と頭のバランスが取れれば、複雑な人生もシンプルに生きることができる。だから私は言うのです、シンプルは美しい。
　シンプルに生きましょう。そうすれば人生は楽しい。

「復古創新」が旗じるし――
石見銀山生活文化研究所

　人口約400人の町、島根県大田市大森町。「石見銀山生活文化研究所」は、この土地に根差した「衣・食・住・美」を形にして、発信する会社です。衣料・生活雑貨ブランド「群言堂」事業を軸に、古民家の再生などを通して、ものづくり・ことづくり・町づくりに取り組んでいます。「群言堂」とは、「みんながわいわい好きなことを発言しながら、一つのよい流れをつくっていくこと」。全国から移住してくる若者たちと石見銀山の人々が「復古創新」を合言葉に、時代に沿った新たな価値を生み出しています。衣料品ブランド「登美」、「根々」、「Gungendo Laboratory」、化粧品ブランド「MeDu」、「群言堂本店」をはじめ全国30数店舗の直営店の運営、解体間際の豪農屋敷を移築した「鄙舎」、江戸期の武家屋敷を再生した暮らす宿「他郷阿部家」「只今加藤家」、昭和初期の住宅を再生した飲食店「Re:gendo」、広報誌「三浦編集長」など、全国約180人（大森町約50人）のスタッフによって、多様な暮らしの事業が展開されています。https://www.gungendo.co.jp/

石見銀山のランドマーク「群言堂本店」

東京駅前ビル内の「石見銀山群言堂丸の内店」

懐かしさに満ちた「他郷阿部家」の台所

古きよき暮らしの風景が広がる石見銀山の町並み

松場登美（Tomi Matsuba）

株式会社石見銀山生活文化研究所所長。"根のある暮らし"のデザイナー。1949年、三重県生まれ。1981年、夫・大吉のふるさと島根県大田市大森町に共に帰郷、パッチワークの布小物の製造・販売を始める。1989年、築150年の古民家を修復し、夫婦で始めた雑貨ブランド「ブラハウス」の店舗を開店。1998年、株式会社石見銀山生活文化研究所を設立。「群言堂」をスタートし、衣料品のデザインや商品の企画、製造販売に従事。国内の素材にこだわった着心地のよさが人気を集めるなど、里山に根差すものづくりの楽しさ、美しさを社会に広めている。

築230年の武家屋敷に10年間暮らしながら修復を重ね、2008年より宿泊施設「他郷阿部家」として営業を開始。これまでに数々の古民家を修復・再生し、地域の人々に交流の場を開くなど、町づくりに尽力する。著書に『群言堂の根のある暮らし』、『他郷阿部家の暮らしとレシピ』、『毎日を楽しむ捨てない暮らし』（以上、家の光協会）がある。

登美さんと大吉さん

山口県下関市内日

　上野：そうなんです。サティシュさんの教えに倣って、学校を作ることにしたんです。スローを学ぶ小さな学校だから、ゆっくり小学校って言うんです。

　私たちは一緒に田んぼで鎌を手に稲を収穫しましたね。束にした稲を、こんなふうに互い違いに置いて。その束に藁を巻き、美しい結び目を作る。その束を竹の柱に掛ける。それはまさにアートでした。

　変化のプロセスそのものがアート。単なる模倣ではない、技と想像力のアート。そして人々は自己を変革している。この場所で私もまた、それを経験しています。日常のささいな行動が、素晴らしいアートに変容するのです。アートは特殊な仕事ではない。全ての仕事がアートなんです。どんな仕事もアートになる。想像力と創造性をもってすればね。

　辻：ここはゆっくり小学校。スロー・スモール・スクールです。まず、学校とは何でしょう？

　学校もまた、自己変革の場所です。人は変身するために学校に来る。私にとっての学校は、小さくなければならない。学校が大きくなったとたんに、生徒は知識の消費者となってしまう。でも学校は知識を切り売りする場所ではない。学校は自分自身を、そして自分と世界との繋がりを発見する場所。その発見の旅は大人数ではできない。

　ここは学校にふさわしい場所です。庭師は先生、農夫も料理人も全て先生。何らかの技能をもっていれば、誰でも教えることができる。野菜や花を育てる庭師がいるように、人生を育てる庭師もいる。私たちの誰もが、人生の庭師なんだ。
　料理も同じこと。料理は命に関わる仕事。人々の健康のために、料理を通じて奉仕する。でも料理は、自らを変える行為でもある。消化できない物を、消化できる食べ物に変える時、自分の意識も変わっている。人は料理をしつつ、意識を変革している。人生を料理する。つまり内なる自己を消化できるものに変えている。それには腕も必要だ。変革のプロセス、それが料理です。

　辻：でも、料理は食べることなしには完結しません。

　その通り。食べることもまた変革のプロセス。自分自身を養い育てるという変革だ。
　空腹だったからだは、栄養とエネルギーに満ちたからだへと変

化する。自分を世話し、食べ物で栄養を与える。自分を慈しみ、思いやる。そうすることなしに、他者を世話して、養い、愛し、思いやることはできない。

　食べることは、感謝の表現でもある。太陽に対する感謝。それなしに、食べ物は存在しないのだから。雨への感謝、土への感謝。土の中のミミズたちへの感謝。田畑で働く人々に感謝。その汗、労働、技に感謝。料理人に感謝。私を迎えてくれたホストに感謝。素晴らしい祝宴に参加できることに感謝。

　これは神、自然、そして人々からの贈り物。食は、全てが依存し合い、支え合っていることを見事に表している。宇宙もまた、この相互依存の原理で成り立っているのだから。

全ての仕事は、変革のアートである
Every work is an art of transformation.

辻：次にスローについてはどうでしょう。なぜ遅さが、スローであることが大事なのか？

　私たちは今、アーティストとして生きることについて話しているよね。急いでアートを作ることはできない。「30分で絵を描きなさい」と画家に言えやしないだろ。詩人に「夕方5時までに詩を作れ」とは言えない。アートと急ぐこととは両立しないんだ。
　アートとは独自のペースで起こり、展開し、隠れてはまた現れる。だから、スローは良きアートの前提条件だ。
　ゆっくりでいいんだよ。急ぐことはない。天地創造の時、神はたっぷり時間を創られた。だから時間に不足はない。
　ならば、なぜ急ぐのか。時間のプレッシャーで、詩の、アートの、料理の、畑仕事の質は失われる。そして量だけが優先される。人が時間に圧迫されるのはおかしい。時間は私たちの友であるはずだ。作りたいものを作り、自分らしく生きるのを助けてくれる友。これは速いか遅いかの問題ではない。
　むしろスローとは、生きるのにふさわしい最適な時間のことなんだ。何をするにも、それにちょうどいい時間がある。その時間を惜しんではいけない。それが、スロー・イズ・ビューティフル。

時間は友だち
あなたらしく生きるのを助けてくれる
Time is your friend.
It helps you to be who you are.

サティシュツアーに同行した香港スローメイツの皆さんと

　アーティストであることは、消費者であることよりもっと重要だ。アートは変革のプロセス。アート、工芸、物作りを通して、私たちは外なる世界と同時に自分自身を変革している。人生は変革の旅なんだ。

　元来、私たちは「ヒューマン・ビーイング」。「ヒューマン・ドゥーイング」ではない。「いること」とは自分自身であること。「すること」は自然の流れ。

　問題は人が「すること」にかまけて、「いること」を忘れてしまうこと。また、何かを「する」時、その行為が所有意識を生み出すこと。自分の行為に執着するのだ。

　「すること」を通じて、成功や成果といった結果を求める。そこから不満が生じる。人はもっと、もっと、もっと、したくなる。「すること」に限りはない。
　一方、「いること」は何も求めない。「いること」だけで幸せ。何が起ころうが、大丈夫。「いること」は成功を求めない。ただ充足と満足を求める。ただそこにあるだけ。
　木は何もしていない。木はただそこにあるだけで、日陰、木材、果物、葉をもたらす。何も「すること」なく。太陽は何もしない。ただそこにあって輝いている。太陽の下で何かをしたければするがいい。でも太陽は、ただそこにいるだけ。
　太陽が、木が、土が「ビーイング」であるように、人間も「ヒューマン・ビーイング」に戻ろうじゃないか。

エディブル・プレイグラウンド（食べられる遊び場）へ──
ゆっくり小学校下関内日校舎

　ゆっくり小学校は、サティシュの教育運動に倣って、辻信一校長と上野宗則ようむ員が立ち上げた、大人のための"小さい学校"だ。2014年の設立以来、都市部を中心に各地で、世界観、人生観、そして生き方そのものを問い直し、学び直す場を作ろうとしてきた。

　「究極の先生とは、母なる自然です」とサティシュが言う通り、豊かな自然に囲まれながら、三つのH（head・heart・hands）で三つのS（slow・small・simple）への学びを深めてほしいと、2017年、下関の山あいの地に小さな校舎（家）を建てた。校舎の裏には樹齢およそ140年の紅葉の大木が立ち、目の前にはハヤの群がる小川が流れ、夜になれば天の河が現れる。校舎の周囲に広がる自然農園には、無数の命が息づいている。ここに、自然農家、料理人、ヨギ、瞑想家、思想家、宗教家、医師、学者、陶芸家、音楽家、画家……といったアーティストが"先生"として加わり、"生徒"たちは自然農、料理、糸紡ぎ、染色、木工、陶芸などの手仕事やスピリチュアルなワークを体験することができる。"校舎"の隅々には、民藝作品や現代アートが、ライブラリーにはエコロジーに関する図書が並ぶ。縁側に座っているだけで、

命の世界に向き合う「自然農塾」

近くの粘土採取から始まる「ゆっくり陶芸」

味噌汁作りから暮らしを問い直す「味噌汁LIVE」

綿花栽培から染色までを学ぶ「糸紡ぎ教室」

ふといつもの忙しい日常から解放された自分に気づいてくれるとすれば、それほどうれしいことはない。

　私たちが目指すのは、豊かな自然と農、手仕事、思想・哲学、アートが融合する場所——サティシュの言う「soil・soul・society」を修養する一種のアシュラムだ。また彼の言う「エレガント・シンプリシティ」（優美で簡素な暮らし）、「ディープエコロジー」（自然界との深い繋がり）、「T・L・C (Tender Loving Care)」（優しい心づかい）などを実感できる場所でありたい。

　「スクール（学校）」とは元々、余暇や遊びを意味する言葉だったという。遊ぶゆとりの中から本当の学びは培われる、というわけだ。そこで、私たちはこの場所に、「エディブル・プレイグラウンド（食べられる遊び場）」という看板を掲げたい。食を中心としたローカル経済の拠点を作るという夢をもちながらも、「半分は冗談、半分以上本気」というモットーを忘れないように、楽しい学びを提供していこう。

　あなたもどうぞ気軽に、のんびり、ぶらぶらしに、いらっしゃい！
https://www.facebook.com/sss.utsui/

サティシュ・クマールの
今、ここにある未来

with　辻　信一

Soil for legs	足に土
Axe for hands	手に斧
Flower for eyes	目に花
Bird for ears	耳に鳥
Mushroom for nose	鼻にきのこ
Smile for mouth	口にほほえみ
Songs for lungs	胸に歌
Sweat for skin	肌に汗
Wind for mind	心に風
Just enough	これで十分

ナナオサカキ 「これで十分」

私にインスピレーションを与えてくれる日本。その日本の皆さんには、もっと自信をもっていただきたい。皆さんは、よりよい世界を創りだすことができるのだから。その素晴らしい文化と伝統を祝福し、その基盤の上に、新たな運動をつくるのです。エコロジカルで、ホリスティックな、新しい世界を創る運動を。その力が日本にはすでにある。よそを探す必要はありません。

三つの"S"
──Soil（土）、Soul（心）、Society（社会）

　エコロジーとは何か。土と心と社会という三つの言葉で説明できます。一体であるはずのこの三つが、バラバラだとどうなるでしょう？
　例えば、社会運動家たちはこう考えるかもしれない。「環境どころじゃない。社会にまず正義を実現しなければ」と。また、環境運動家たちはこう言うかもしれない。「木や森、山に川、海や動物たちあっての人間だ。人間だけの平和には興味がない」と。さらに、自己啓発やスピリチュアルな世界、宗教などに救いを求める人たちは言うかもしれない。「地球は放っておいても大丈夫。必要なのは自己の成長と発展だけだ。自分が幸せなら、おのずと平和はついてくる」と。
　新しい世界を目指す運動が、バラバラでは困るでしょう。それらを結びつける必要があります。なぜなら、これら三つの運動はどれも、ホリスティックで持続可能な世界を目指しているのだから。同様に、土と心と社会は、一体で切り離すことができません。

Soil

　ソイル（土）とは、土、大地、環境やエコロジーのことです。私たちは土から生まれ、土に還る存在です。私たちの食べものも、衣服も土から来ます。家の建材も土から来ます。つまり、ソイルは、自然界

全体を指す言葉なのです。ならば、土を敬い、祝福しようではありませんか。土が神聖だからこそ、いのちは神聖なのです。土の上で働く農民、農耕そのものも神聖です。大地への畏敬なしに、この世の平和はありえない。私たち人間には、土、地球、自然との平和が必要です。

ところが今、私たちは自然に戦争をしかけている。大地を毒し、動物たちを狭いオリに押し込め、海の魚を乱獲し、川を汚染し、豊かな森を伐り倒している。これはまさに自然に対する戦争です。必要なのは、自然界との和平。だからこそ、まずソイル（土）なのです。

Soul

土を大切にすることは、自分を大切にすること。自分を大切にできればこそ、幸せで、健やかで、しなやかな体と心と魂があればこそ、地球を大切にすることもできるのです。心や体を病み、不幸せで自殺を考えるような人が、どうして他人を、家族やコミュニティを、地球を大切にできるでしょう。自分が健やかで、幸せで、満ち足りていることも必要なのです。だから、自己実現と自己啓発は大切です。

詩、音楽、アート、工芸などの文化的活動、畑仕事、瞑想、ヨガ……、どんな活動でもいい。健やかで幸せな自分をつくるのです。それが人々のため、地球のためなのです。これが、三つの真ん中にソウル（心）を置いた理由です。

Society

そして、ソサエティ（社会）。人々も大切にしなければいけません。現在、世界人口の6分の1、10億以上の人々が飢えに苦しんでいる。なんとひどい社会経済システムを、私たちはつくってしまったのでしょう。

世界は不正に満ちています。飢える人々がいる一方で、食べ物を捨てている人たちがいる。世界中で、40〜50％の食べ物が無駄にされて

います。特に裕福であればあるほど、食べ物を無駄にしている。これが、私たちの社会の仕組みなのです。東京やニューヨークやロンドンのレストランでは、毎晩大量の食料が廃棄されている。スーパーマーケットでも、賞味期限切れの食品が何トンと捨てられます。なんともったいない！

　私たちが食べ物を無駄にする分、世界は飢える。だから、無駄のない、フェアで平等な、分配の社会システムが必要です。誰ひとり、飢えることのないように。これが第3の柱、ソサエティ（社会）です。

　「土・心・社会」が一体となって、私たちの運動はホリスティックなものとなります。

益戸育江：女優（旧名：高樹沙耶）やフリーダイバーなどを経て、現在は石垣島のジャングルを開拓し、キャンピングロッジ「虹の豆」を運営している。
https://nijinomame.theblog.me/

マハトマ・ガンジーは言いました。「世界の変化を望むなら、自分がまず変わりなさい」と。
　自ら手本を示すこと。そして、あなたの想いを伝えるのです。

「豊かさ」とは

　地球温暖化の本当の原因は、私たちの考え方にあります。「機械が何でもやってくれる」という考え方です。その結果が、深刻なジレンマです。
　一方では、進歩した科学技術のおかげで、「何もしなくていい」ことになった。すべては電気と機械が自動的にやってくれるから。他方では「何もしなくていい」から失業が増える。職がないから、収入もない。お金なしに暮らしていけない。
　ジレンマです。社会は板ばさみ状態です。何もしなければ、職もなくお金もない。それでも働こうとするなら、一体なんのための機械化でしょう？　ね、仕組みそのものがよくないのです。
　そこで「手」のことを思い出しましょう。この手は、美しいものをつくるために、神が与えてくださったのです。食べ物、家、美しい家具や服、陶器をつくる。手とは奇蹟です。
　手は、ふつうの粘土を美しい陶器に変え、ただの木材と藁をこんな素晴らしい家に変える。人間の想像力と創造性は、手を使うことによってのみ発揮されます。機械が人間の手を不要にするような未来は、幸せでも持続可能でもありません。
　今では、この手の使い道と言えばコンピューターや携帯のキーを押すことくらい。他に何か？　トイレの蓋を上げることもしないのに？　私たちの手はもはや「用なし」です。

> *益戸：私も石臼を使って小麦からパンをつくります。けっこうシンドイですよね。だから、ただパンをつくることだけが目的になると、もの*

すごく「遅いなあ」と思うんだけど、「小麦をもっと分かろう」とか、パンができる楽しみにフォーカスすると、作業がぜんぜん苦痛じゃなくなるんです。
 結果をあまりにも急ぎすぎると、そもそもの間の歓びをすべて奪っている気がします。私たちが直さなくちゃいけないのは、結果をすぐに求めすぎる癖。結果ではない。その癖をリハビリしなくてはならない。これは結構大変なことだと思います。

　インドには、『バガヴァッド・ギーター（サンスクリット語の宗教・哲学的教訓詩）』という古代の偉大な書があります。バガヴァッド・ギーターの主なテーマは、「行為の結果にではなく、行為そのものに目を向けよ」ということです。結果ではなく、プロセスだけが現実なのだ、と。パンをつくるときも、パンという結果ではなく、プロセスが大事なのです。
　パンができたらそれで終わりではありませんね。そのパンをどうしますか？　食べますね。でも食べたら終わりでもない。トイレで排泄しないと。パンをお腹にため込んでいたら、病気になってしまうでしょ。こんなふうに、すべてがプロセスなのです。結果も、最終目的地もない。プロセスがあるばかりです。
　私の母は聡明な人でしたが、折にふれこう言ったものです。「神様はたっぷり時間をつくってくださった。だから時間が不足することはない。枯れることのない泉のように、時間はここにやって来るの」と。
　ところが、近代的な産業社会では、無限なものさえ「足りない」とされ、ふんだんにあるはずの時間や空間も、「希少」なものになる。
　また、産業社会のもうひとつの問題は、なんでも「計量できる」という考えです。例えば、東京という場所の空間を、1平米ごとに区切って、値段をつける。そして、「土地が希少だから、こんなに高価になる」というわけです。
　同様に、1時間いくらと値をつける。時間が「足りない」という理

由で。計量することで「希少性」をつくり出したのです。時間や空間、そして食べもの、着るもの、すべてが「足りない」とされた。「希少性」は近代社会のフィクションであって、実在するわけではない。

　自然は豊かです。あなたがりんごの小さな種を一粒まけば、それが木となり無数のりんごがなります。そこに「希少性」などありはしません。りんごがいくつあると数え、計算することで、はじめて「希少性」が現れます。食べることに「希少性」はない。でも売るとなると「希少性」が現れる。

　「希少性」は「不安」ともつながっています。あなたが「今、ここ」で、腹を満たすだけのものを食べ、満ち足りた思いで生きている限り、「希少性」などとは無縁です。ところが、明日に、未来に不安を感じていると、貯えたり、所有することが必要になる。つまり「不安」が「希少性」を生み出すのです。

　辻：そうだよね、不安になりだしたらキリがない。全てのものが足りないですよね。「これでいい」というのがなくなっちゃうわけで。だからこそ産業がどんどん続いていく。

　益戸：そうですね。保険会社ももうかるし。

　危機の時代だと言われます。生態系の危機、地球温暖化、エネルギー危機。これら全ての「危機」は、しかし好機でもあります。こういった問題について話し合うよい機会であり、現在のシステムをデザインし直すための、絶好の機会ともなりえます。本当の「豊かさ」とは何かを定義し直すのです。

　「豊かさ」とは、コミュニティや家族であり、人間の手であり、大地、自然、川や森なのです。お金はただの尺度で、取引の手段にすぎない。それを「豊かさ」だと、私たちは勘違いしたのです。自然のためにお金を使うかわりに、自然を犠牲にしてお金を稼ぐ。つまり、お金が「豊かさ」になってしまった。それが問題なのです。本当の「豊

かさ」は自然です。それを私たちは所有しようとする。でも、自然は所有できない。私たちは、その一部なのですから。

　辻：「おかげさま」の精神ですよね。

「遊ぶ」こと、「仕事する」こと

　仕事と遊びは、実は表裏一体です。仕事と遊びを別のものと考えないほうがいい。心のこもった仕事、想像力や愛情に満ちた仕事、創造的な手仕事。それらは遊びと同様、楽しいものです。楽しめないなら、しないことです。必要な仕事なら、それを楽しむことを学びましょう。

　庭仕事、畑仕事、ハイキングなどは、楽しく、よい運動にもなる。そこでは仕事と遊びは一体です。私にとって、仕事は遊びで、遊びは仕事。だから楽しいのです。スポーツも職業になると、遊びではなくなる。でも私は、遊びと仕事を融合したい。誰もが自分の仕事に、楽しみや喜びを見いだす文化をつくりたいのです。

　今日みんなで楽しく料理をしましたね。あれは仕事であり、遊びです。野菜を刻んだり、鍋をかき混ぜたり。すべてが遊びそのものです。誰もが必要な仕事だけをして、幸せな毎日を過ごせるはずです。でも、現実には、みんな企業や工場、官僚制の奴隷みたいではありませんか。これは、5歳から20歳まで、教育で手なづけられ、洗脳された結果です。

　メディアも私たちを洗脳します。生きるには、雇用され、上司の言うままに不必要なことをしなければならないと。そうすれば、円やドルの札束がもらえる……。でも、考えてみてください。いったい誰の人生でしょうか？　人生の喜び、楽しさ、共に生きる幸せ……。それを自分が選ばずに、誰が選ぶのでしょう？　会社の奴隷として不必要な労働をしなくてもいい。勇気をもって、自分の人生を選びましょう。自由で、充実した愉しい人生を目指すのです。創造的で、想像力に満ちた、気高く、芸術的な人生を。

　不必要な労働はもうやめて、必要な仕事だけをしましょう。本当に必要な仕事だけをする。他の時間は眠ればいい。あるいは、散歩し、海を眺め、花を見つめ、俳句や詩を創って楽しむのです。必要もない仕事を強要したり、されたりすることが、私には許せません。それは人間の奴隷化、人間性への冒とくです。

　私たちはみなアーティストです。単なる会社員でも、店員でも、役人でもない。芸術家なのです。本来、すべての仕事はアートです。それが、人間の生き方というものでしょう。

　仏教の教えでは「人みな菩薩」です。菩薩とは「仏陀になるべき者」という意味です。つまり、私たちはみな仏陀になる可能性を持った者なのです。

益戸：菩薩って、「仏陀になるべき者」という意味だったんですね。

　インドの偉大な書『バガヴァッド・ギーター』に、クリシュナ神と戦士アルジュナの対話があります。
　クリシュナ神はアルジュナに説きます。「智恵を培い、賢い者たれ」と。そこで、アルジュナはたずねます。「神よ、賢者はいかに食べるべきか？」。また、「賢者はいかに眠り、座り、歩くか？」と。
　もし私たちがいかに食べ、座り、眠り、歩くかを知ってさえいれば、現代世界の諸問題は解決済みだ、と私は考えています。私たちの小さな行動が、世界に絶大な影響を与えうるのです。

「食べる」こと

　いつもこう訊かれます。地球温暖化、気候変動、貧困、不正……、どれも問題が大きすぎて、どこから始めたらいいかわからない、と。

　確かに危機だらけですね。私は「食べ物から始めよう」と答えます。ちゃんと食べることが、世界の大問題への取り組みなのです。「よき食生活」とは、地球への負荷を減らすことを意味します。肉をはじめ、多くの食品が世界の隅々に運ばれ、大変な環境負荷となっている。排出される二酸化炭素の 18％（国連食糧農業機関「Livestock's Long Shadow」2006 年）が、食産業に由来している。食べ物を生産し、貯蔵、輸送し、冷蔵するために、何十億バレルという石油を燃やします。

　このように現代の食べ物は、環境にも有害ですが、私たちの身体をも蝕んでいます。食生活が肥満やガンを急増させています。社会全体が食べ物のせいで非常に不健全です。おまけに地球温暖化です。さらに、浪費的で不公平な社会の仕組みが、貧困を生み出す。

　だから、世界の問題を解決する第一歩は、あなたの今日の食事からです。食卓に何がのっているか、どんな食べ物を口にするか、です。地域の、天然の、オーガニックのものを選ぶ。そうすれば、あなたは健康で幸せになり、社会に正義が、生態系にバランスが戻り、地球温暖化もなくなるでしょう。そして何より、おいしい！　だからうれしい。

世界の問題を解決する第一歩は、あなたの今日の食事から
The first step to solve the problems of the world
is to look at your plate.

「眠る」こと

　その昔、ペルシアの皇帝には、スーフィー教（イスラム教の神秘主義哲学）の導師がいました。ある日、皇帝は導師に助言を求めました。「私にできる最善の行動とはなにか？」。導師はこう答えた。「陛下、それはできる限り長く眠ることです」。皇帝は言った。「なんだって？私には眠る時間などない。軍隊や警察を率い、法律をつくり、裁判を行ない……」。導師は言った。「陛下、あなたが長く眠るほど、圧政は減るでしょう」

　現代の世界ではどうでしょう。私たちはみな皇帝のような暮らしぶりですね。起きている間は、車や飛行機に乗り、コンピューターを使い、テレビを見る。私たちは年から年中電気を消費している。皇帝が眠ると圧政が減るように、私たちが眠ればその分地球は助かります。日が暮れたら休む。また日が出るまでよく眠ることです。

　現実はどうでしょう。24時間、1週間休みなく、買い物や仕事や旅行は続き、飛行機が飛び、電車や車が走る。社会が眠ることはありません。学生や生徒は授業中、居眠りしている。それは、夜よく寝ていないからです。電車の中でも居眠りをしている人たちが多い。これも寝不足だからです。夜、テレビやEメールに忙しいからです。もっと長く眠ることです。そうすれば、すっきり目覚めます。

　よく寝れば、勉強、ガーデニング、料理、読書……、何をしても、ずっとうまくいくでしょう。心と頭がすっきりして、身体も活力にあふれている。夜ぐっすり眠ることが大切なのです。よく眠りなさい。必要なだけ。十分に休息し、活動的で創造的に生きてください。

私たちが眠るほど、地球も自分自身も助かります
Our longer sleep will help the planet, and ourselves.

「歩く」こと

　現代人のもうひとつの問題は、まるで足がないかのように生きていること。どこへ行くにも、バスがあり、タクシーがあり、電車や飛行機や車があります。それらが、人間本来の動く能力を奪っている。心と体のリフレッシュのために、私は歩きます。毎日、少なくとも1時間。歩くことは、自然の健康法です。自然の中を歩くことなしに、体や心、魂の健康はありえません。なぜなら、歩くことで、私たちは大地に触れ、地球を感じるのです。

　地球から、木々から、蝶や蜂から、知恵を得る。歩くとは、自然の中に身を置き、自然とつながること。車や電車の中で、私たちは自然から切り離されています。花を見ることもなく、木々にも気づかない。エアコンの人工的な空気を吸わされている。歩くとは、直に経験すること。その体験が英知をもたらすのです。

　歩くことなしに生み出された哲学を信じてはいけません。これはニーチェ（ドイツの哲学者・古典文献学者 1844-1900）の言葉です。「歩かずに得られた哲学を信用するな」。実際、歩かずによい哲学は得られない。歩くことで思想は試され、生み出される。哲学は歩いて得るものです。現代によい哲学がないとすれば、それは私たちが歩かないからです。悪い哲学がはびこっているのは、哲学者がもう歩かないからです。

　ゆっくりと、時にはあてもなく歩く。それが「巡礼」です。巡礼とは目的地に向かうものではありません。ただただ歩くことです。聖なる地球の上を歩く。だからその足もまた神聖です。巡礼者はこう言うでしょう。「地球よ、私の足を支えてくれてありがとう。あなたの身体を踏みつけるのをお許しください。感謝します」

　感謝の心、それが巡礼の心です。巡礼者は行く先々で、その場所に敬意を抱くでしょう。場所を自分に合わせるのではなく、自分をその場に合わせる。その場所を壊すことのないよう、軽々と歩く。巡礼とはその軽々とした歩みです。巡礼者は大地の恵みを浪費しない。すべ

ては神聖な贈り物ですから。巡礼とは、人生そのものなのです。地球と自然への畏敬の念をもって、本当に必要なものだけをいただき、無駄なく、欲張らずに暮らしましょう。

> 歩くことで、地球から英知を授かるのです
> When you walk, you get your wisdom from the Earth.

怒りと変革

　怒りの種(たね)は誰の中にもあります。みんなが、愛の種をもっているように。怒りの種とともに愛の種、慈悲の種や寛容の種ももっているのが人間です。知恵とは、その愛と慈悲と寛容の種を育て、怒りの種を育てないことなのです。

　人間の心は畑のようなものです。この畑には、花や果実や、野菜やハーブだけでなく、トゲや毒を持ったものもあります。よい庭師は、トゲや毒のあるものに腹を立てたりせず、ただそれらを抜き取って堆肥にするでしょう。

　同様に、怒りもよい堆肥として、ハーブや花や果実や野菜を育てる。人生にも、とげとげしい怒りがわき起こることがあります。そんな時、賢い人なら、その怒りを堆肥にして、愛と慈悲と寛容の種を育てるでしょう。

　怒りで我を通そうとし、苦しむのは誰でしょう？　自分自身です。怒る人自身が、一番苦しむのです。でも、その怒りを、悪いシステムを変えるためにとっておくこともできます。

　社会は大勢の人でできています。私たちもそのシステムの一部です。システムの恩恵に預かることで、私たちはその片棒を担いでいる。怒りは個人に向けるべきではありません。この新しい考え方を広めましょう。

　古い格言がありますね。「罪を憎んで人を憎まず」。怒りをシステムの個々人ではなく、システムそのものに向けるのです。例えば、イエス・キリストは、両替商が寺院で貧しい者を食い物にしたことに怒り、両替商からお金をとりあげ、寺院の外に放り出した。この怒りは、個人にではなく、悪い社会システムに対するものでした。

　個人ではなくシステム。これに気づくこと。それが求められているのです。世間にただ従う代わりに、このシステムがいかにしてできたかを理解し、自分たちも、多かれ少なかれ、その一部であることを、自覚するのです。その上で、まず自分自身の暮らしを変え、システムから抜け出すよう、人々にも働きかけましょう。

怒りを堆肥として、愛と慈悲と寛容の種を育てましょう
Put the anger on the compost,
grow your seeds of love, compassion, and generosity.

争いと平和

　私たちは、争いの時代を生きています。世界には数多くの争いが絶えません。そこで、「自分たちに何ができるか？」と問わなければなりません。アフガニスタン、イラクなど様々な紛争を前に、いったい何ができるのか？

　まず、平和への思いを発信することだけは誰にでもできます。前向きで思いやりに満ちた気持ちを、戦争の当事者に示しながら、その一方で、自分自身が平和を体現し始めるのです。なぜなら、小さい個人的な争いが、実は世界の大きな争いとつながっているからです。例えば「お先にどうぞ」「いやあなたこそ」とゆずり合う人々の間に争いは起こらない。どちらが先に行くかは、大した問題ではありません。

　ゆずり合えば、双方が納得できる合意にやがてたどり着く。「エゴ」を超えたゆずり合いの精神を育てるのです。それが関係性を尊重する「エコ」の心であり、巡礼者の心です。個人の「エゴ」の対立の代わりに、「共に生きる」。そのために、まずは「お先にどうぞ」と、相手の話を聞くことです。「エゴ」から「エコ」へ。それが争いから平和への道です。

平和のためにできること？　まず自分が平和を生きること
What can we do for peace?　Start living peace ourselves.

加藤登紀子：歌手。歌手活動の傍ら、環境問題にも積極的に取り組む。夫である故・藤本敏夫(1944-2002)が設立した千葉県鴨川市の「鴨川自然王国」を拠点に、子供たちと農的暮らしを営み、社会に発信している。
https://www.tokiko.com/

すべてのものはつながっています。みな、同じ宇宙、ひとつの魂に源をもっているのだから。
　歌をつくる時、まず直観が生まれる。それが、魂(ソウル)の働きです。そこに感情が加わる。心の働きです。次に頭で考える。それを形にしたのが、歌です。
　つまり、大もとに魂があって、心、頭、言葉へと進む。すべての根っこにあるのが魂。初めからある「可能性」、それが魂です。

幸せ、悲しみ、そして歌

　加藤：幸せとは何でしょうか？

　幸せ！　幸せとは、満ち足りていること。「これで十分」と感じること。まだ足りない、もっと欲しい、という思いから解き放たれて、「これでもう十分」という思いに、満たされていること。

　加藤：幸せと悲しみは、どういう関係にあるのでしょう？

　悲しみも不幸せも、所有という考えから生じるのではないでしょうか。「私のもの」を失うから、悲しい。あなたは愛する夫を亡くされた。「私の夫」と考えれば、それは悲しみです。でも、「夫はいつも私と共にいる」と感じられたら、どうでしょう？

　加藤：時々、私は深い悲しみで、胸がいっぱいになります。

　なるほど。

　加藤：悲しみでいっぱいであっても、不幸せではない。むしろ、美しく、愛おしい感情なのです。

それは、悲しみが愛と慈悲に昇華して、美しいものとなったのです。でも、「私のもの」への執着がある限り、悲しみは悲しみのままです。

> 加藤：人々の悲しみあるいは苦しみ、いろんな生きる大変さを、私は救ってあげることはできない。彼らを支えるために私にできること、それが音楽なのです。

　そう、それこそが本当の音楽です。なんと素晴らしい。

> 加藤：私は解決の答えを皆に伝えることはできないし、皆さんが苦しんでいる時に助けることはできない。けれども、大切なことは、どんな悲しみの中にいて、どんな苦しみの中にいても、彼らが自分の中に、輝くポテンシャルがあるように、それを祈って、念じて歌っています。それだけをできればいいなあと思って歌っています。

　素晴らしい。あなたの音楽は、きっと素敵な贈り物になる。そして苦しむ人々の傷を癒すにちがいない。
　歌はヒーリングです。あなたの歌はまさにそれです。

木を植える

　仏教を広めたことで知られる古代インドのアショカ王は、決まりをつくり、それを刻んだ石柱を国中に設置して、国民に知らせました。それは、全国民に5本の木を植えることを義務づけるという決まりでした。それをパンチャヴァティ、「5本の木からなる林」といいます。
　1本は食べものになるマンゴーやりんごなどの果樹、1本はシッソノキなど木材となる木、1本はニームのような薬効のある木、1本は椿やジャスミンなど花を咲かせる木、最後の1本は、燃料となる木です。
　このように王は、国民が5本の木を植え、大切に育てることを定め

ました。植えた木を自分のために伐ってはならない。未来の世代に残すためです。王は先々の世代のことを考えていたのです。

地球は「自分たちのもの」ではなく、未来からの「借りもの」だというわけです。地球を、借りた時より、よい状態にして返す。それが責任だという考えです。5本の木を植え育てることは、未来世代への何よりの贈り物だったのです。

銀座はどうでしょう。「素晴らしき日本」はそこにありません。銀座を歩く時、自然とのつながりは全く感じられません。そこには木がない。どこかで伐ってきたクリスマスツリーが、コンクリートジャングルの中にあるだけです。銀座の真ん中に並木をつくるべきです。車を減らし、木を増やすのです。大気汚染はひどいものです。車は大量の温室効果ガスを吐き出し、地球温暖化や気候変動の原因となっている。銀座に木が立ち並んでいたなら、車からの二酸化炭素を吸収し、私たちの心に平穏と知恵と慰めを与えてくれるでしょう。

私たちを悩ませている多くの身体的・精神的、そしてスピリチュアルな病は、自然界との断絶によるものです。自然がなくても生きていけるという幻想を、私たちは抱いています。木はいらない。山も、川も、大地も動物たちもいらない、と。必要なのは、ビル、ビル、ビル。車、車、車。コンクリートジャングル。必要もない灯りをともし、電気を浪費して威張っている。どうだ、大したもんだろ、と威張っている。「傲慢のかたまり」、それが東京であり、その象徴が銀座です。

マンハッタンもオックスフォード通りも肥大化したエゴと強欲さの表現です。「見よ、我らが偉業を！」。自然を征服し、支配し、破壊する。巨大都市はそれを誇っているのです。

木を植え育てることが、未来世代への最良の贈り物です
Planting trees is the best way
to ensure well-being of the future generations.

都市をリデザインする

　東京をデザインし直す必要があると思います。銀座、マンハッタン、オックスフォード通りなど、世界中の繁華街を、自然と文化をつなぎ直すのです。自然と文化は敵対するものではなく、親しく寄り添うこともできる。家々は、木に囲まれているべきです。

　全てのオフィスビルを寺院や神社のようにデザインしたらどうでしょう？　美しい門をくぐると、木立ちがあり、池があって、その奥にオフィスがある。働くことが神聖な営みなら、1日に多くの時間を過ごす仕事場は、楽しく、幸せで、プレッシャーもなく、リラックスできる場所であるべきです。

　スピード、スピード、スピード。速さこそ、近代文明の呪いです。私たちは、憑かれたように動き回ります。「速く、もっと速く」と。私が見た銀座とは、スピード、ファストライフ、プレッシャー、ストレス。人間が求めているのはそれですか？　いいえ、喜びあふれる場です。

　人の手でつくられたものは、人の手で変えることができます。私たちが都市をつくり直せばいいのです。自然と文化が躍るような、地球と文明が、木々と建物が、池とオフィスが、手をとりあって踊るような美しい町に。

　自然はあっち、都市はこっちと、隔離する必要はありません。自然と文化を隔てるなんて、黒人を差別し、白人から分離するように愚かなことです。この差別を終わらせ、暮らしの中に自然を取り戻さねばなりません。

　東京の中でさえ、菜園で食べ物を育てられる。野菜も、柿やみかんなどの果物も育てられる。都市でりんごを育ててはいけませんか？　美しい庭園をつくり、人々が集い、座り、瞑想できる場にする。銀座をリデザインしていただきたいのです。

　今のような大変化の時代は、若い世代のプランナーたちにとって、都市をリデザインする絶好の機会です。新しい日本人はきっと、地球

温暖化や気候変動も起こさない、自然と人間が幸せに共存できるような都市を、つくってくれるでしょう。

> 人の手でつくられたものは、人の手で変えることができます
> What was created by humans can be changed by humans.

パワーとフォース

　ともに「力」と訳されますが、「パワー」は「フォース」と違って、内なる力です。例えば、種子は木となる潜在的な力をもっている。それがパワーです。人間は誰でもブッダやガンジーのように、偉大な人になれるパワーをもっている。この内なる力がパワーであり、真の強さです。

　一方、フォースとは外なる力です。例えば、軍隊や警察は、銃、戦車、核兵器、監獄などの強制力をもちます。人々を投獄し、拷問する暴力もまた外なる力です。規則、法律、軍隊、武器、政府などによって、外から与えられる力——それがフォースです。

　お金というフォースによって、それが他人に権力をふるうこともできる。フォースが他人への強制力であるのに対し、パワーは自分の内に働く力です。

　イエス・キリストは、パワーにあふれる偉大な人物でした。しかし彼は「弱き者が世界を受け継ぐ」と言っていますね。この「弱き者」とは、フォースをもたない人のことです。弱き者は、腕力もずる賢さもなく、花のように優しい。花はしかし、パワーにあふれている。

　花はそのパワーで人を魅了します。その香り、やわらかさ、美しい色彩で。また、自らを果実へと変えるパワーもあります。この花の力は、フォースとしての強さではありません。パワーは、柔和で、穏や

かで、目立たず、控えめです。花はなんと謙虚でしょう。押しつけがましいところがありません。真の力とはこのように、控えめで優しいものなのです。

例えば、流れ落ちる水のように。水はパワーにあふれていますが、いつも下へ向かって流れていく。決して上に向かわず、下に向かう。それが水の謙虚さです。

土もとてもパワフルですが、謙虚です。英語の「土」と「謙虚」という言葉は、同じ語源から来ているんですよ。土はいつも下にある。でも、食べ物を育て、保水する力を秘めている。建物を支え、私たちに歩く場所を与えてくれます。それほど強力なのに、しかし、土は何も強要しない。「私の上を歩け！」と土は言わない。「私を飲め！」と水は言わない。「私を嗅げ！」と花は言わない。

威張ることなく、ただそこに「ある」。それが「いる」力であり、「ある」力です。

真の力とは、謙虚で優しいものです
True power brings humility and gentleness.

「いる」と「する」

パワーとは「いる」力、フォースとは「する」力。これは大きな違いです。「いる」は、非暴力的でエコロジカルなあり方です。「する」は、強引で、攻撃的で、押しつけがましく、ずる賢い。「あれができる」「これがしたい」と、「する」は謙虚さに欠けている。でも、「いる」は控えめです。「いる」は、土や水や空気、花や木のように自然体です。

行動とは本来、パワーが自然に外に現れたもので、フォースとして

の「する」力とは違います。自然に言葉が流れ出る、足が向くままに歩く。これらは「いる」力の発露です。自らを「する、する、する」へと駆り立てれば、疲れ果てるだけです。

英語で人間を「ヒューマン・ビーイング（いる存在）」と言うじゃありませんか。

> 人間はヒューマン・ドゥーイング（する存在）ではなく、
> ヒューマン・ビーイング（いる存在）です
> We are human beings, not human doings.

解説
スロー・スモール・シンプル――美しい人生の三原則

辻 信一

　『サティシュの学校』の中で、サティシュはこう言っている。
「敬意に満ちた優しい社会を創るには、全てをスローに、スモールに、そしてシンプルに保つ必要があります。これが美しい人生の三原則です」（本文P37）

　どれもSで始まる、ごく平凡で、どちらかと言えば否定的な響きをもつこれら三つの英単語に、よき社会と、よき人生の鍵がある、というのだ。

　一つずつ見ていくことにしよう。

　まずは「スモール」から。「小さい」というこの小さな言葉がもっている大きな意義に光を当てたのが、『スモール イズ ビューティフル』という名著で知られるE.F.シューマッハー（1911-1977）だ。この人物の名前を冠したのが、本映像の主要な舞台であるシューマッハー・カレッジだ。彼はサティシュの人生にも、師として、友として多大な影響を与えた。

「小さいことは美しい」

　シューマッハーはいったいどういう意味でそう言ったのだろう。例えば、1971年の講演で、彼は現代の科学技術文明を批判していた。人間がつくったはずの技術は独自の法則をもって、まるで人間から独立した独自の命であるかのように、発展してきた。そして今や、人間に

も統制できないものになってしまった。その結果、この現代世界は短期間のうちに、社会の非人間化、環境破壊、資源枯渇の三つに代表される深刻な危機に見舞われるようになった、とシューマッハーは言うのだった。

　彼によれば、技術はより大きく、より多く、より遠くという一方向に向かって発展する。その技術が支配的になった社会はだから、大き過ぎる、多過ぎる、速過ぎるという三つの「過ぎる」に代表される過剰な社会になるのだ、と。

　これと対照的なのは自然界だ。自然は成長をいつ、どこで止めるかをちゃんと心得ている。成長というのは驚くべきことに違いないが、しかし、それよりもさらに神秘的なことがある、とシューマッハーは言った。それは「成長がおのずと止まること」だ、と。

　その結果、自然界の全てのものには大きさに限度があり、だからこそバランスがとれて、「過ぎる」ことがない。

　これに対して、その「過ぎる」ことこそが、現代世界の最大の特徴なのだ。なぜそうなるのか。シューマッハーによれば、技術というものは、大きさ、速さ、力を「みずから制御する原理を認めない」。まるで「独自の法則と原理で発展していく」かのようだ。これと同様に経済も、まるでそれが宿命でもあるかのように、成長し続けるものだと考えられてきた。科学技術も経済も、自然界のあり方と対照的に、成長を「いつどこで止めるか」を知らない。だからそこには「均衡、調整、浄化の力が働かないのである」

　では、こうした技術をいかにしてもう一度「人間の真の必要物に立ち返らせることができる」のか。そう問いを立てて、シューマッハーは答える。
「それは人間の背丈に合わせる方向でもある。人間は小さいものである。だからこそ、小さいことはすばらしい(スモール・イズ・ビューティフル)のである」（以上、講談社学術文庫『スモール・イズ・ビューティフル』より引用）

　シューマッハーと出会い、彼に説得されて『リサージェンス』誌の

編集を引き受け、イギリスに留まることを決意したサティシュは、彼の死後、シューマッハー・カレッジを設立、その「小ささとヒューマン・スケールの思想」を現在へと引き継いできた。

　映像の中でサティシュはこう言っている。
「物事を大きくし過ぎると、人間関係や、触れ合いが失われます。人間は単なる道具になってしまう。利益やお金を生み出すための道具です。……だから、人間らしい暮らしとその喜びのためには、物事をスモールにすることです」(P38)

　現代世界ではしかし、ヒューマン・スケールどころか、科学も技術も経済もグローバル規模の巨大な企業や金融機関が支配的だ。その結果が深刻な環境問題であり、社会と人心の荒廃であり、人類の生存そのものの危機である。

　そんな時代にこそ、人間が自然界の一部分であることを自覚し、人間らしいスケールに立ち返ることだ、とサティシュは提案する。そしてこの人間にふさわしい規模のことをシューマッハーに倣って「小ささ」と呼ぶのだ。近代以降、人々は技術による身体能力の拡張や、経済による欲望の拡大によって自由と幸福を追い求めてきたが、それは惨憺たる結果を生み出してきた。サティシュによれば、この小さな自分の中から湧き出る豊かな「想像力」とこの小さな「手」に秘められた豊かな「創造性」にこそ、人間にとっての真の自由と幸せの鍵があるのだ。

　二番目にシンプル。「簡素」を意味する言葉だが、これもまた否定的な意味を担わされてきた。単純、欠乏、不足、愚かさ、馬鹿……英語と同様、日本語でも、簡素は貧乏、単純な人は知性に欠けた人を指す場合が多い。しかしサティシュは映像の中で、アルベルト・アインシュタインのこんな言葉を引用している。「どんな馬鹿でも物事を複雑にできる。しかし天才だけが物事を単純にできる」

　そしてサティシュは言うのだ。「現代社会の商業主義や消費主義は、全ての物事を複雑にしています」。そして「その中で人間は迷子になっ

ている」(P38) と。経済成長のために「もっと、もっと」生産し、消費する。それを続けていれば、モノも事も過剰になって、複雑になるのは目に見えている。そんな世界で、シンプルが否定的な意味をもたなかったら、かえって不思議なくらいだ。

　サティシュは常々、英語の complex と complicated という似て非なる二つの言葉を区別することを教えている。自然界は限りなく多様で複雑（complex）だが、同時にとてもシンプルでバランスの取れた無駄のないシステムだ。一方、人間が作った現代社会というシステムはますます巨大化し、煩雑（complicated）で、バランスに欠けた混沌へと向かっている。環境危機はその必然的な帰結だ。

　自然界と人工世界のこの対比は、おそらくサティシュの言う、二つの"H"——heart（心）と head（頭）——の違いに由来するのだろう。彼は言う。まず頭に偏った学問の世界は、専門用語と難解な言葉だらけではないか。だから「煩雑（complicated）で、分かりにくく、近づきにくい」と。一方、ブッダやイエス・キリストの教え、シェイクスピアの言葉は誰にでも分かる。そこでは「深遠な知恵がシンプルな言葉で表現されている」(P39) と。

　頭と違い、心は物事を煩雑にはしない。だから、「もっと心躍る人生を送りましょう」とサティシュは呼びかける。頭が不要だとは言わない。しかし、それが過剰になってバランスを失うのがいけないのだ。「スモール」がそうであったように、「シンプル」もまたバランスを目指す。頭を優先するあまり、心を置き忘れた社会にあって、「心と頭のバランスがとれれば、複雑な人生もシンプルに生きることができる」とサティシュが言うのはそういうことだ。

　そしてもう一つ、彼によれば、幸せな人生の秘訣もまた「物事をシンプルにしておくこと」だ。なぜなら、「愛はシンプル」で、分析も理論も、合理的な説明も不要。「愛は愛」でしかない、のだ。
「だから私は言うのです、シンプルは美しい。シンプルに生きましょう。そうすれば人生は楽しい」(P39)

美しい人生の第三の原則は「スロー」だ。スモールやシンプルと同様、スローも心のあり方と密接に関係している。例えば、優しさや思いやりは遅さの中でこそよりよく発揮されるものだから。逆に言えば、適正な速度とは優しさが可能なほどの遅さなのだ。

　大切なものを大切にする。あるいは、愛すべきものを愛するには時間が必要なのだ。その肝心の時間がないとすればどうだろう。それこそが人生の危機だ。しかもその時間欠乏症が伝染病のように世界全体に蔓延しているとしたらどうだろう。

　これについてもシューマッハーはちゃんと指摘している。社会が使っている機械の量とこの社会が享受する余暇、時間の量は反比例する、と。機械を使えば使うほど時間は少なくなる。これは一見不思議なことだ。なぜなら、機械とは時間を節約して余らせるために作られているはずだから。でも車やコンピューターやスマホを使うようになって、暇になった人はいない。時間を余らすために急ぐ。急げば急ぐほど機械に頼る。頼れば頼るほど忙しくなり、時間はなくなっていく。そして、その時間の中に詰まっていたはずの数々の貴重なつながりが消えていく。

　ぼくが以前イギリスのサティシュの自宅を訪ねた時、挨拶がわりに彼が教えてくれたのがインド中世の思想家カビールの詩だ。「ディレー、ディレー（ゆっくり、ゆっくり）、おお、心よ、よきことはすべてゆっくりと起こる」。この詩を踏まえてだろう、マハトマ・ガンディーは言った。「よきことはカタツムリのようにゆっくり歩む」

　そのガンディーの思想と実践を今に引き継ぐサティシュは、なぜスローなのか、というぼくの問いにこう答える。

　「なぜなら、急げば暮らしの美しさが失われるから。急いでいる時に、感謝したり、祝福したりすることはできないでしょ」（P37）。生を楽しみ、祝う、幸せな人生とは、だからスローでなければならないのだ、と。

　今回、このDVDブックに収録された前作『今、ここにある未来』の中で、サティシュは自分の母親の言葉を引用していた。

「神様はたっぷり時間をつくってくださった。だから時間が不足することはない。枯れることのない泉のように、時間はここにやって来るの」
これを受けて、サティシュはこう言った。
「ところが、近代的な産業社会では、無限なものさえ『足りない』とされ、ふんだんにあるはずの時間や空間も、『希少』なものになる」(P64)

『サティシュの学校』でも彼はこう言っている。希少になるばかりの時間のプレッシャーで、詩の、アートの、料理の、畑仕事の質は失われ、量だけが優先される。しかし、「人が時間に圧迫されるのはおかしい。時間は私たちの友であるはずだ」と。

だとすれば、「スロー」とはただゆっくり動いたり、のんびりすることではなく、それは「希少な時間」というストーリーによってぼくたちを縛りつけようとする社会から自らを解放し、豊かなる時間の元へ回帰しようとする運動なのだ。

サティシュはこう付け加える。「スローとは、生きるのにふさわしい最適な時間のことなんだ。何をするにも、それにちょうどいい時間がある。その時間を惜しんではいけない。それが、スロー・イズ・ビューティフル」(P46)

愛にはそれにふさわしいゆっくりとした時間が必要だ。それを惜しんではいけない。こう言ってもいい。スローとは愛そのものなのだ、と。

辻信一（Keibo Oiwa）
文化人類学者。自己と社会のホリスティックな変革を目指す環境活動家。明治学院大学名誉教授。「ナマケモノ倶楽部」代表。「ゆっくり小学校」校長。「100万人のキャンドルナイト」呼びかけ人代表。「スローライフ」、「GNH」、「ローカリゼーション」などを合言葉に、環境＝文化運動を展開。サティシュを師と仰ぎ、彼の教えを広めることに情熱を注いでいる。著書に『スロー・イズ・ビューティフル』(平凡社)、『ゆっくりノートブック』シリーズ（全8巻、大月書店)、『英国シューマッハー校 サティシュ先生の最高の人生をつくる授業』(講談社)、『ゆっくり小学校』、『常世の舟を漕ぎて 熟成版』(以上、SOKEI パブリッシング)、『ナマケモノ教授のムダのてつがく ―「役に立つ」を超える生き方とは』(さくら舎)などがある。スローシネマDVDシリーズでは監督と聞き手を務める。趣味は歩くこと、俳句、ヨガ、瞑想。落語家として、ぼちぼち亭ぬうりん坊を名のる。

編集後記
あなたも「サティシュの学校」へ

上野宗則

　2010年製作の『今、ここにある未来』からスローシネマプロジェクトはスタートした。僕にとって、サティシュさんとのご縁もここから始まった。一制作者としての関わりが、サティシュさんとの交流へと発展し、僕の人生に大きな変化をもたらすことになったのだ。

　サティシュさんといるのは、いつも楽しい。彼と過ごす時間のすべてが学びであり、学校そのものである。なかでも好きなのは、彼との問答の時間。何を聞いてもすぐに明快な答えを返してくれる。最初に質問したのは、会社経営のこと。「経営者として、どのようにすれば幸福を導き出すことができるか」と。サティシュさんの答えの鮮やかさは、今も忘れない。

「花は誰かに認められたくて、咲いているわけではないよね。太陽は、感謝してほしいと照っているわけではない。結果はどうであれ、あなたはただ、あなた自身となって、光を放てばいい。Be Yourself !」

　またある時は、次のように教えを乞うた。

「ガンディーはなぜ、"見ざる、聞かざる、言わざる"の三猿の像を、肌身離さずもっていたんですか。一見、無関心を意味するような、"見ざる、聞かざる、言わざる"の意味はなんですか」

　サティシュさんはすかさず言う。

「悪いこと、問題のあることを批判するヒマがあるなら、よいことを作り出そう、闇を呪うよりロウソクを灯そう、という意味なんだ。暗

闇よ消えろ、暗闇めこのやろう、と言っても、暗闇はそこにある。世間に悪はたくさんある。それをいちいち批判していたら、一生かかっても終わらない。否定ではなく、肯定的なエネルギーでなにかを作り出す、オルタナティブな代案をどんどん作っていく。人間関係においても、人を批判したり、責めたりするのではなく、よいところに注目して、そのよさを助ける。"見ざる、聞かざる、言わざる"とは"Be Good──よくあれ"、ということ。寒さをいくら批判したって、寒さは消えない。自分の中から暖かさを発散すれば、寒さは退散するんだ」

こんなこともあった。「関係性と執着の違いはなんですか」と問うと、椅子に座ったサティシュさんは、ユーモアを交えてこう答えた。「僕は今、椅子と関係しているよね。でも椅子に執着すれば、椅子をずっとお尻にくっつけていなくちゃいけない」と言いながら、椅子をお尻にくっつけたまま歩き回り、まわりのみんなを笑わせた。そして椅子から離れると、椅子に向かってこう言った。
「椅子さん、ありがとう。私を休ませてくれて。さようなら」

いつも、こんなふうなのだ。交流を重ねるうちに、いつもの楽しいサティシュさんを再び映像化したいとの思いが、僕の中に沸々と湧いていた。現在から未来に向けて、サティシュさんとの学びの場を、映像を通して創りたい──、この思いに多くの人々の賛同と共感を得て、このたび完成に至ったのが本作、『サティシュの学校』である。

サブタイトルは「みんな、特別なアーティスト」。来日ツアーの中で、このメッセージを熱心に語りかけるサティシュさんを何度も目にした。大きく頷く人がいる一方で、「そうは言ってもね……」と、懐疑的な質問を投げかける人もいる。そんな人たちへの、サティシュさんの答えはこうだ。
「例えば、奴隷制を終わらせるという考えは、かつてあまりにも理想主義的だと見なされていました。女性に投票権を与えたり、政治に参加させたりすることは、無意味なことだと多くの男性が考えていました。50年前にはアメリカで黒人は投票することさえできなかった。ところがどうでしょう。ホワイトハウスに黒人の大統領が誕生したではあり

ませんか。"日が沈むことはない"と言われた大英帝国はもう過去のものです。歴史ははっきりと示しています。悲観主義者ではなく、平和を想う楽観主義者の献身的な働きによって、社会は変わっていくということを。アーティストとは、単に絵画や彫刻や歌の表現者だけを指すのではありません。アーティストとは、悲観主義に陥ることなく、楽天的にポジティブに想像力をフルに発揮して、人生を、社会を創造する人のこと。生きる歓びを見出す人生のCEOであり、社会変革者でもあるのです。何より、最高のアートとは"生きる"というアート。最高のアーティストとは、"生きるアート"の見事な表現者たちのことです。話すアート、聞くアート、食べるアート、歩くアート、眠るアート、子育てのアート、人助けのアート、愛するアート……、これらを実践しましょう。そうすれば皆さんの町は、人生は、アートに満ちた美しいものになります。権力者に依存することなく、従属することなく、ただの消費者におとしめられることもなく、自分の内にある創造性や可能性を信じましょう。もしあなたが、社会に、未来に、不安や怖れを抱いているのなら、それは自分自身の無限の可能性を、忘れているだけのこと。よき人生を送るために必要なすべてを、すでにあなたはもっている。あなたはただそれを、思い出すだけでいいのです」

　こうしたメッセージが、ここにお送りする新作『サティシュの学校』にも満載だ。本DVDブックにはそれに加えて、スローシネマ・シリーズの第1作となった前作『今、ここにある未来』も収録されている。そこにも、「みんな、特別なアーティスト」という思想が生き生きと語られている。毎日を丁寧に暮らす"生きるアート"の実践が、いかに自らの人生を楽にし、地球を救うことにつながるのか、がわかりやすく説かれている。人生に怖れを感じた時、アーティストである自分を見失った時には、このDVDブックを手にとっていただきたい。サティシュさんはどんな時も、あなたの人生を励まし、応援してくれるはずだ。

　僕はサティシュさんの言葉に励まされて「スローシネマ」というプロジェクトに参画することになった。以来、映像の制作や本の編集を

通して、美しいものを作り出そうとする表現者としての自分を発見することができた。そしてそれが、僕の人生をより満ち足りたものへと変容させてくれた。ありがたいことに、僕は今、好きなことを仕事として生きている。他者からの評価や結果はどうであれ、ただただ自分にできることを、光のように放てばいい、というサティシュさんの言葉が僕の中に生きているのだ。人間のもつ役割について、一つの答えを得ることができた。人間は、手によってアートや美を作り出すことで、命の循環の環に入り、調和をもたらす存在なのだ、と。

　スローシネマという仕事の第一の目的は、バラバラに分断された世界に、つながりを取り戻すためのお手伝いをすることだと僕は思っている。そして今、その仕事の周りに作り出されたつながりに、僕自身が多いに助けられている。

　本DVDブック制作にあたり、たくさんの個人、組織、団体が「サティシュDVD製作委員会」に入会し、応援してくださった。心からお礼を申し上げる。

　最後に、スローシネマ・シリーズの先頭に立ち、身をもってアーティストとしての精神と生き方を示してくれる二人、本田茂さんと辻信一さん、そして、わが人生の師、サティシュ・クマールさんに、感謝の意を伝えたい。

　『サティシュの学校』はよりよき人生と社会を孕(はら)む小さな種だ。これを手にしたあなたにぜひ蒔いていただきたい。それが芽吹き、やがて実を結びますように。

上野宗則（Munenori Ueno）
株式会社素敬代表取締役社長。「SOKEI パブリッシング」発行人。「ゆっくり小学校」ようむ員。父親の死によって遺族となった経験から、ご遺体ケアの商品作りを始める。看取りに立ち会う医療者のための講習会「エンゼルメイク・アカデミア」を主宰。日本における"デス・カフェ"の先駆けとして、「スロー・デス・カフェ」を立ち上げ、店主に。サティシュの教えをビジネスと暮らしに活かすことを目指している。著書に『やさいがよろこぶ、なちゅらるプランター 小さな大地から始まる物語』（三浦伸章監修、SOKEI パブリッシング）などがある。趣味はぶらぶら。民藝や現代アートが好き。

サティシュ DVD 2018 製作委員会

平垣美栄子
松見歯科診療所
横山教子
大垣麻里
MEGURIYA
波照間島で人の小ささを感じたふたり
近藤正教
吉原智太郎
サトケン
おおつかゆうこ
Vegans organic cafe Panchavati
瀧澤和香
いがらしこのえ
Koichiro Takegasa
柳浦葉路
マイトリー（持田陽平、森田さやか）
澤田千晶
BUCCI
ぬん
ここね＊
周
佐竹風吾
高橋正光
いまいみき
大河内瑞
ふじいもん

越盟子
福岡梓
DOUBLEMOON
小出理博
湯河原リトリート ご縁の杜
銀河観音＊SACHI
村上美香
高橋弘明
大野晃子
三浦編集長
Bombon
宮本愛麗
棚田千鶴
歌舞
植木禎裕
難波正樹
gumi
倉橋勝二
水俣食べる通信
とくさん
高橋和也
IJU大学
渡部さ織
小久保裕史
ゆっくり小学校卒業生一同
Rika Miyanoiri

早貴
かまくら長谷BASE
斉藤知江子
YOKO
S&N HATA
Cafe Ocean
逸見直子
たまちゃん
小笠原麻也子
銀河荘
つるたともこ
倫章
mino&mamo
今村徹
TOSHIYA KAI
西田小百合
首藤重仁
岡孝子
加藤恵子
酒井詠子
Hub3
斉藤万里子
豊滿徳樹
Eco-Branch
先川原弘美
Yuko Tomioka

鵜川幹
野下智洋
棚橋健
小林義和
泉典子
德永恵
ゆすはら森の器
神崎典子
上野美和子
夏井もも子
TOKOYOGA
ひびきの森
小尾優衣・悠都
船山由香里
森佳織＆水輝
おかみ井々和田　和田真幸
野口暢子
高木穣
樋口佳奈
樋上貴大
株式会社石見銀山生活文化研究所

ほか、たくさんの皆さん

サティシュの学校
みんな、特別なアーティスト

特別収載
『サティシュ・クマールの 今、ここにある未来 with 辻信一』(2010)

2023年9月9日　第2刷発行

企画・製作	株式会社素敬ゆっくり小学校　ナマケモノ倶楽部
	サティシュDVD2018製作委員会
発行人	上野宗則
発行所	株式会社素敬 SOKEIパブリッシング　yukkuri-web.com
	〒751-0816 山口県下関市椋野町2-11-20
	TEL083-232-1226　FAX083-232-1393　info@yukkuri-web.com
テキスト・構成	辻信一　上野宗則
編集・デザイン	上野宗則　上野優香　福田久美子　久松奈津美　安田なぎ子
印刷・製本	瞬報社写真印刷株式会社

ⓒ slow small school 2023
ISBN978-4-9905667-9-1 C0036　Printed in Japan